The Heath

The Kodak Retina Diary

Rainer Strzolka

Galerie für Kulturkommunikation

Berlin

2018

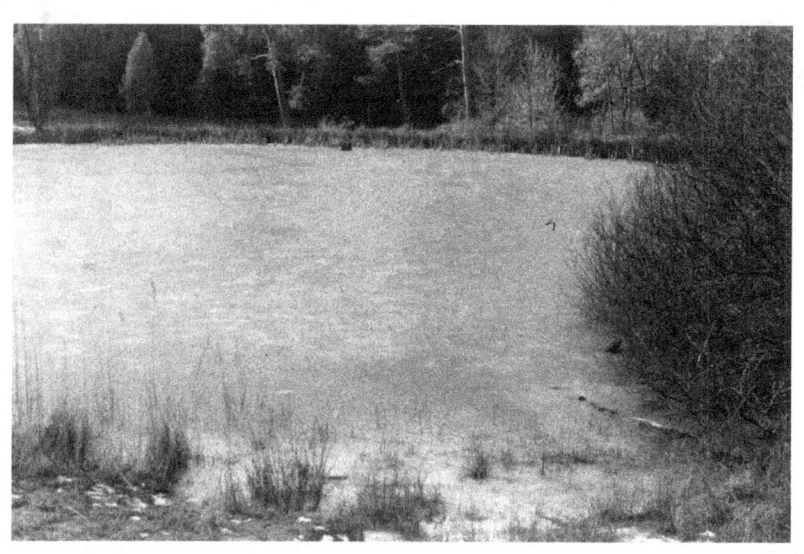

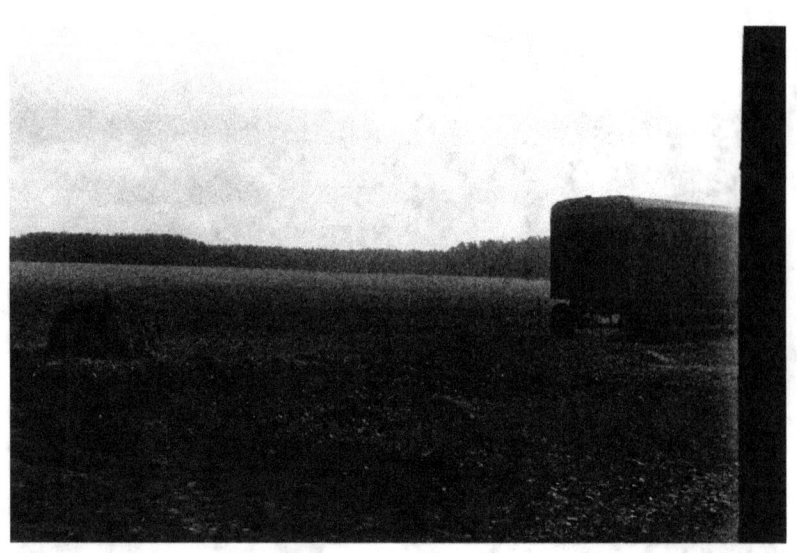

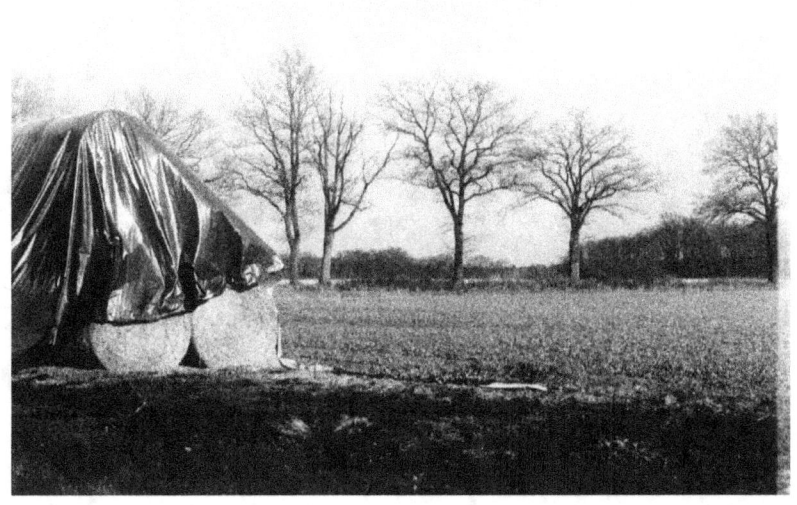

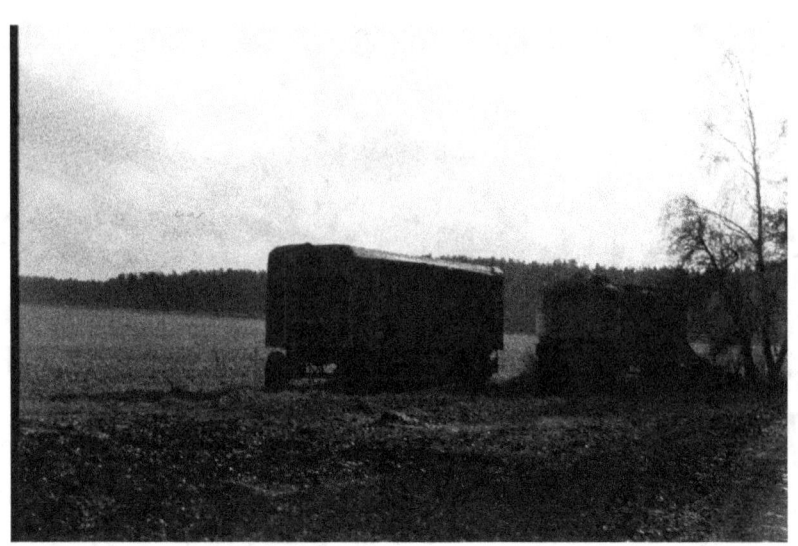

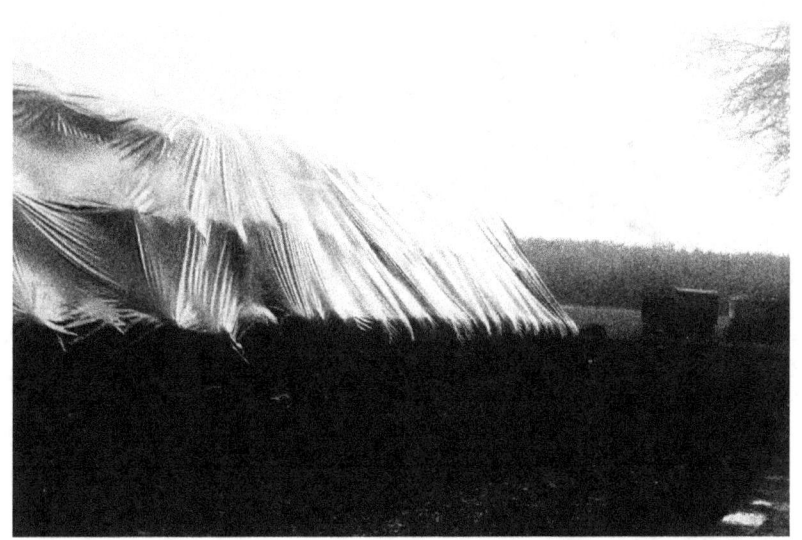

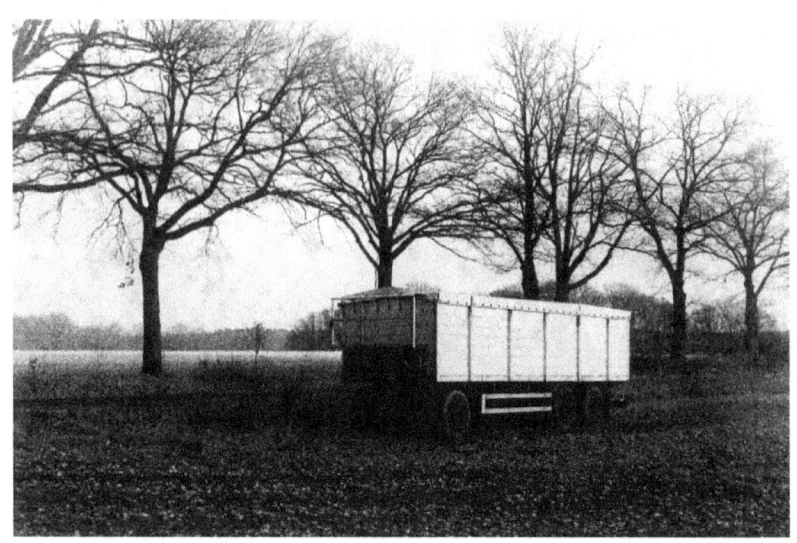

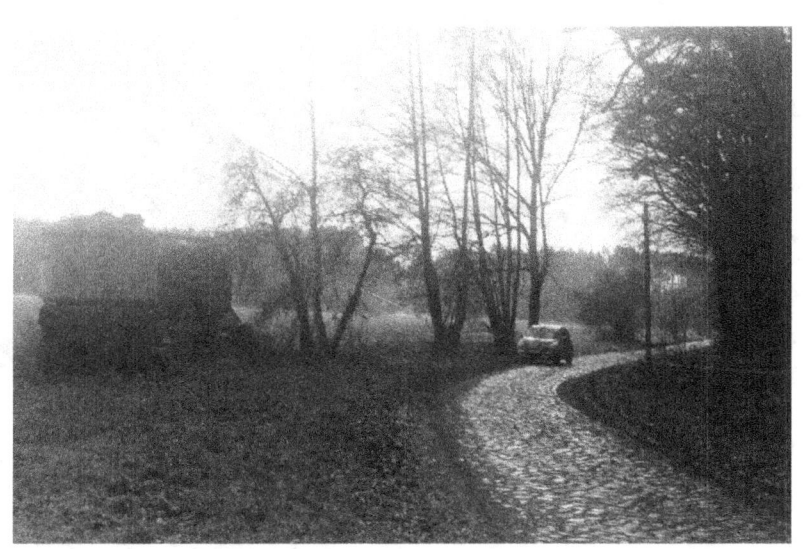

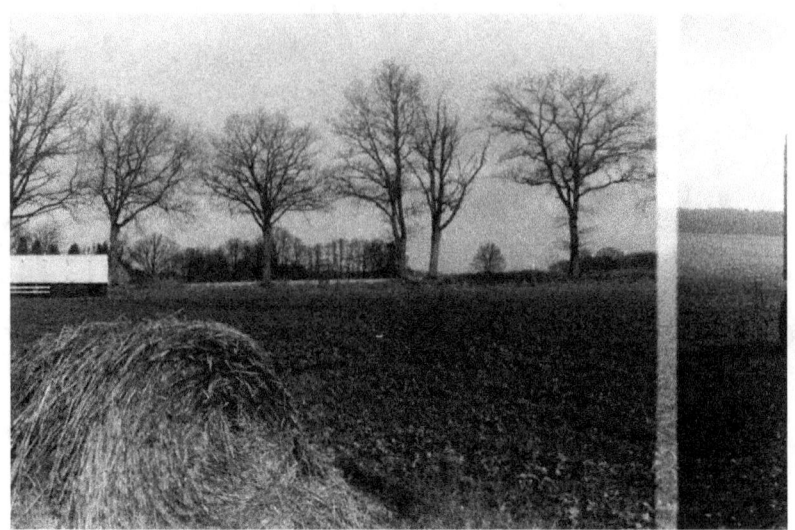

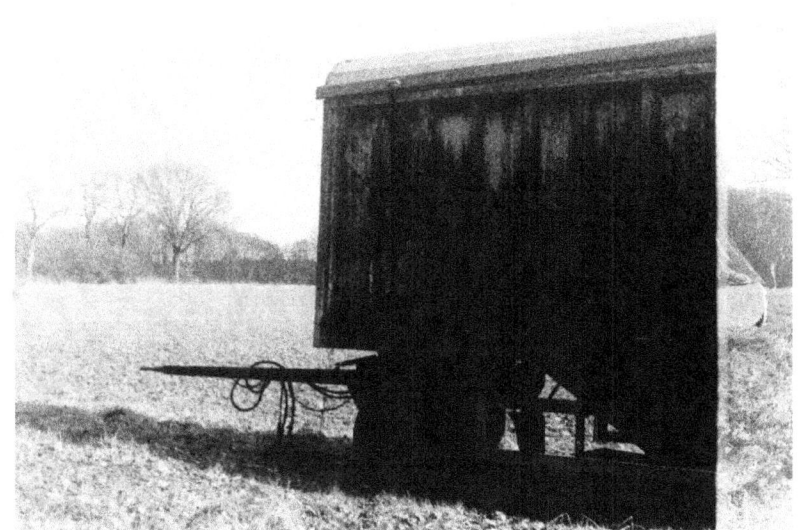

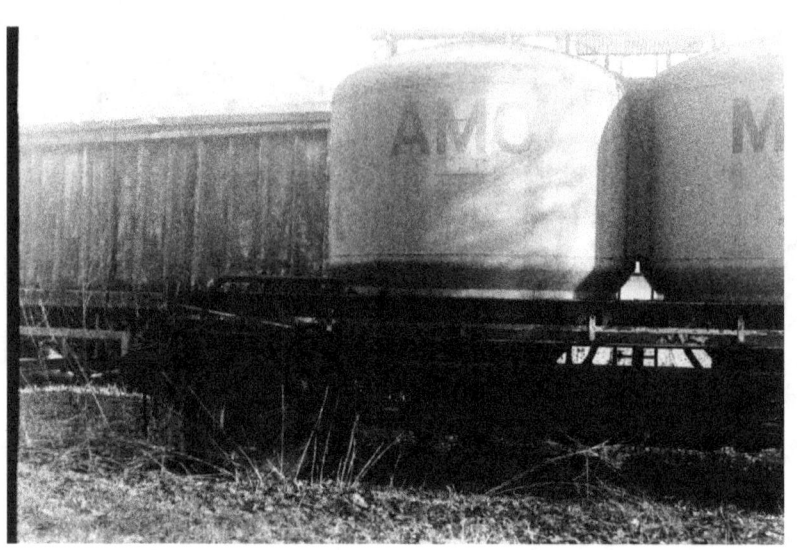

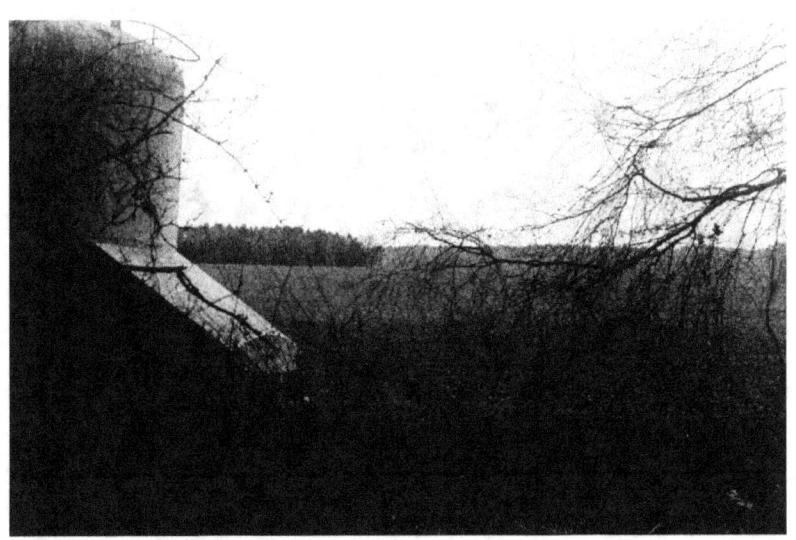

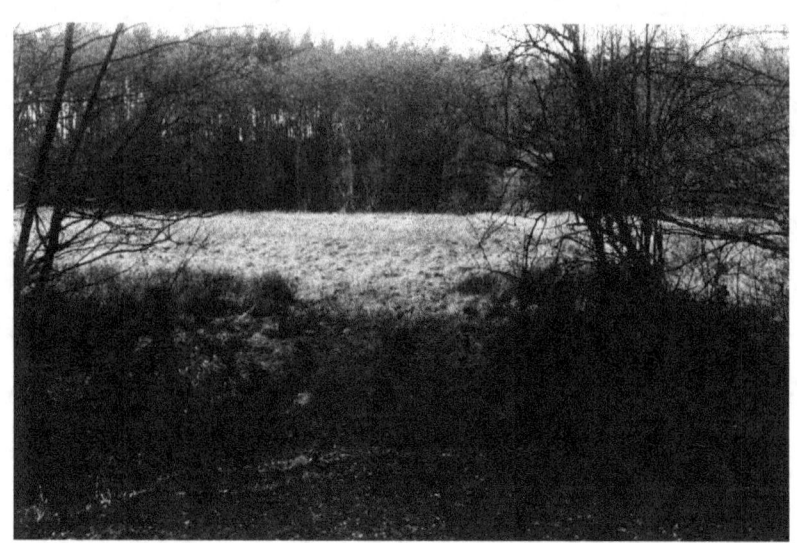

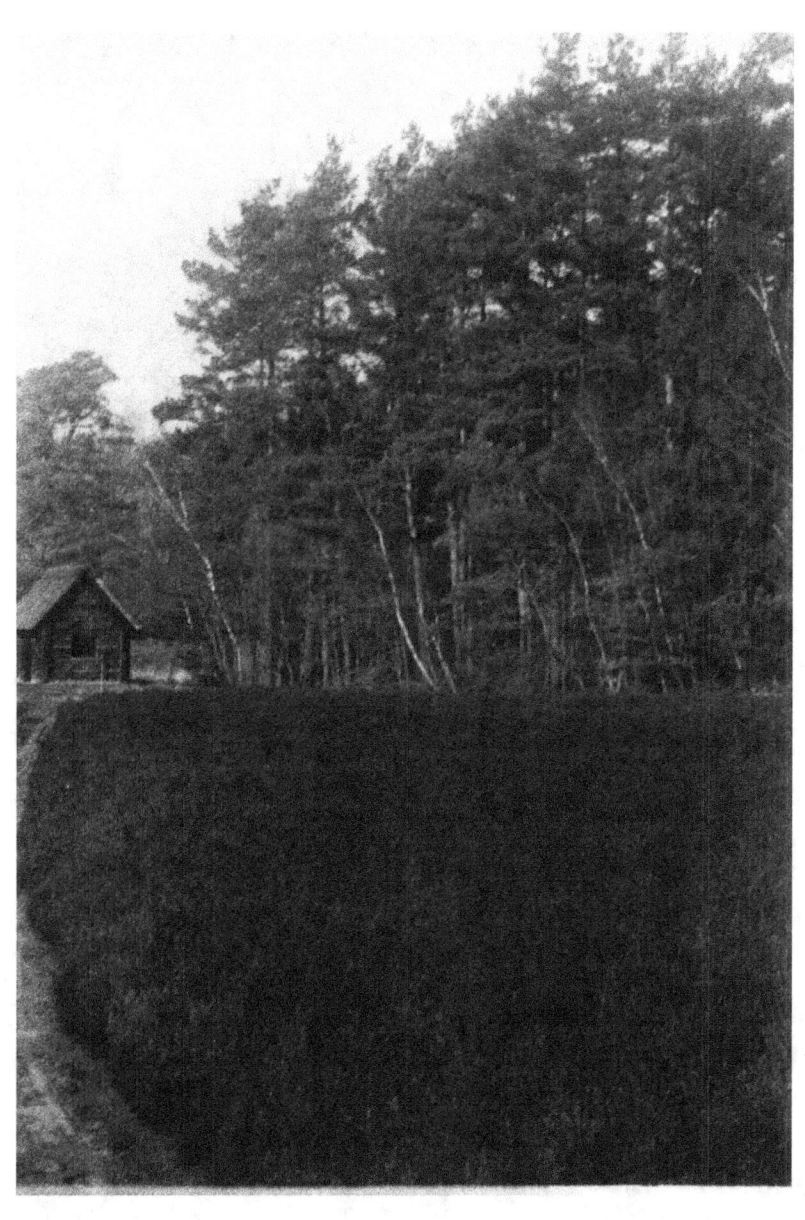

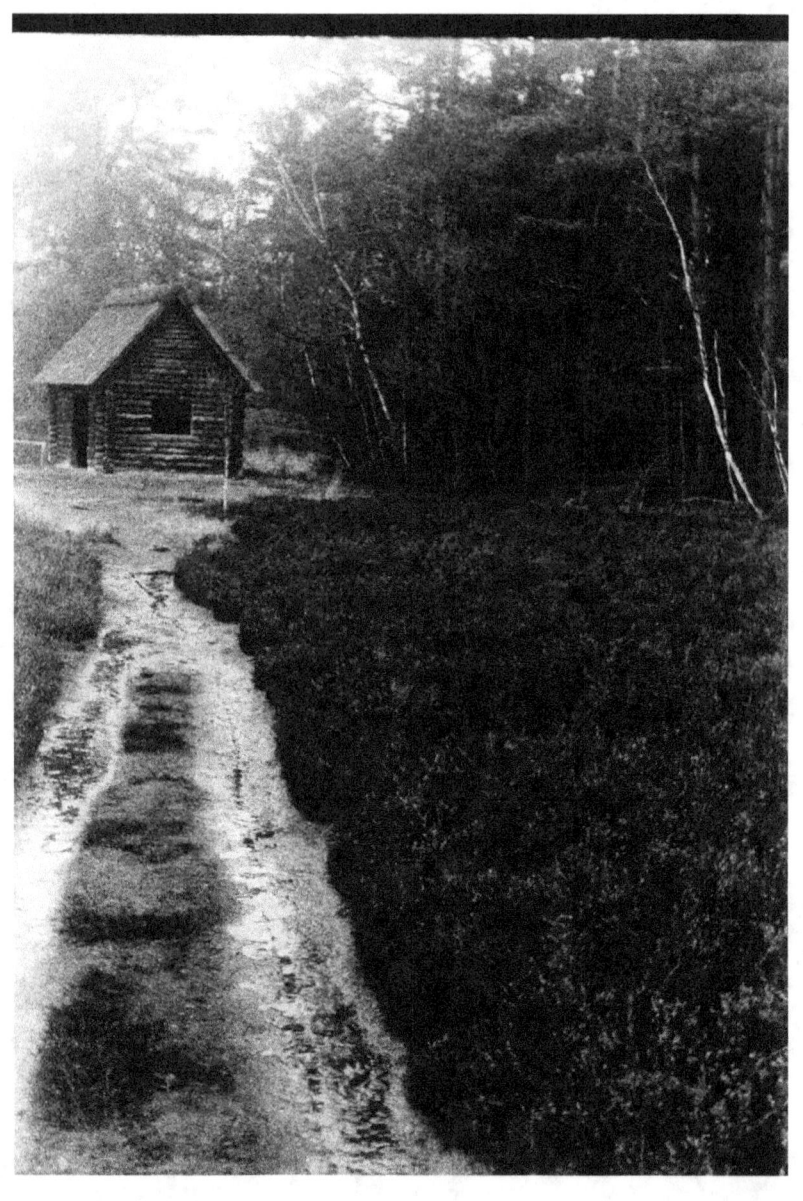

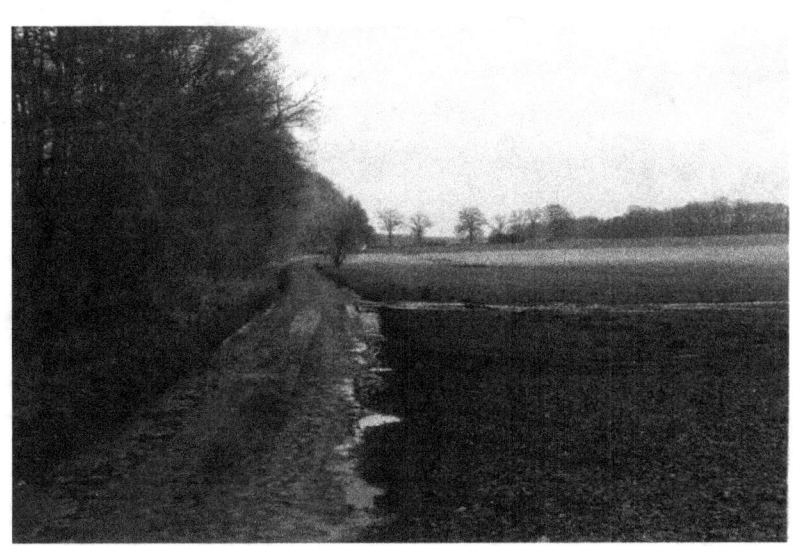

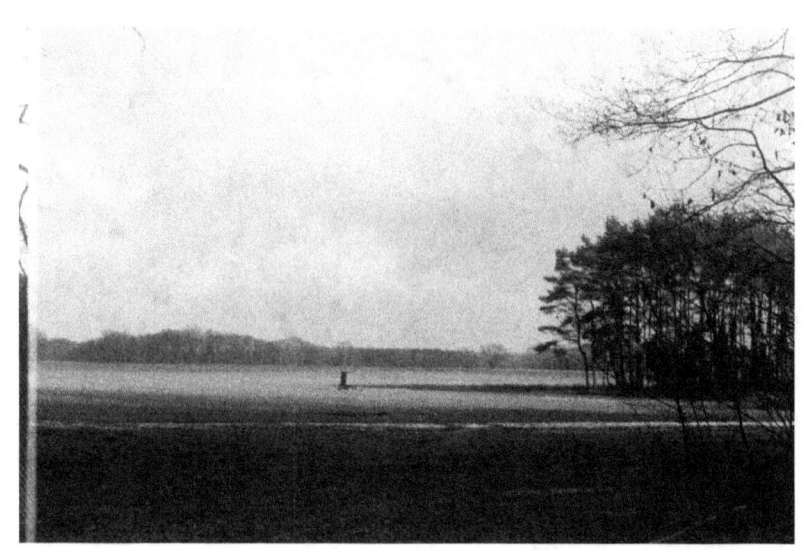

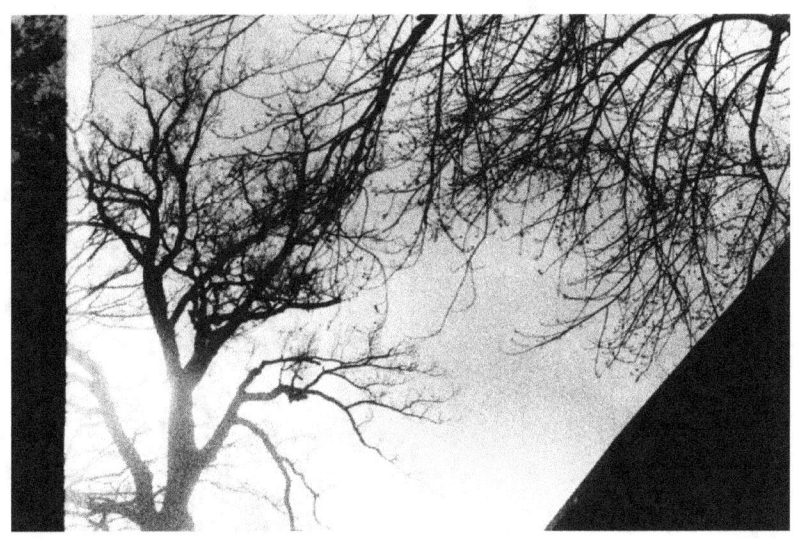

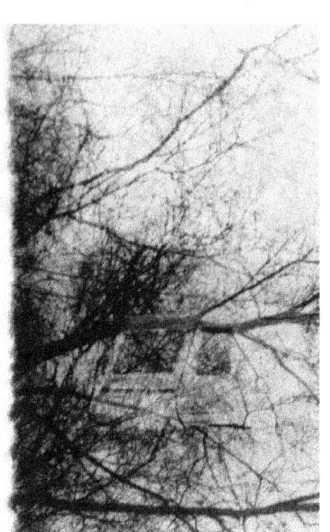

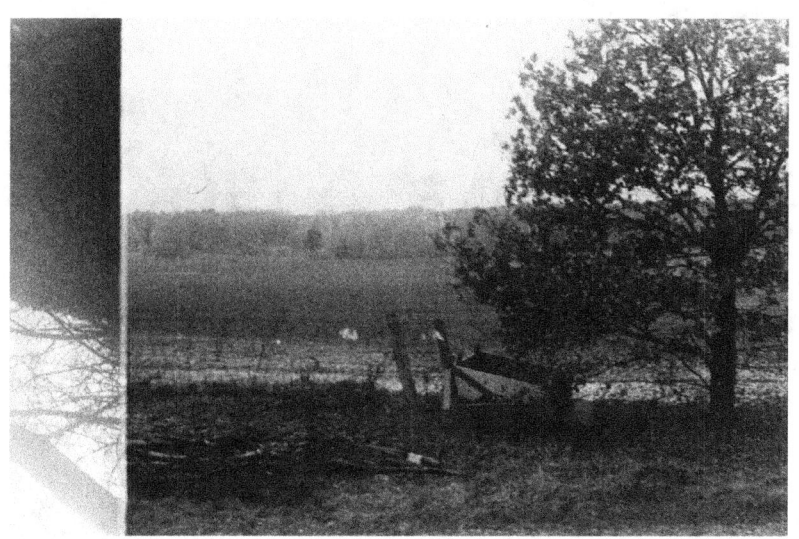

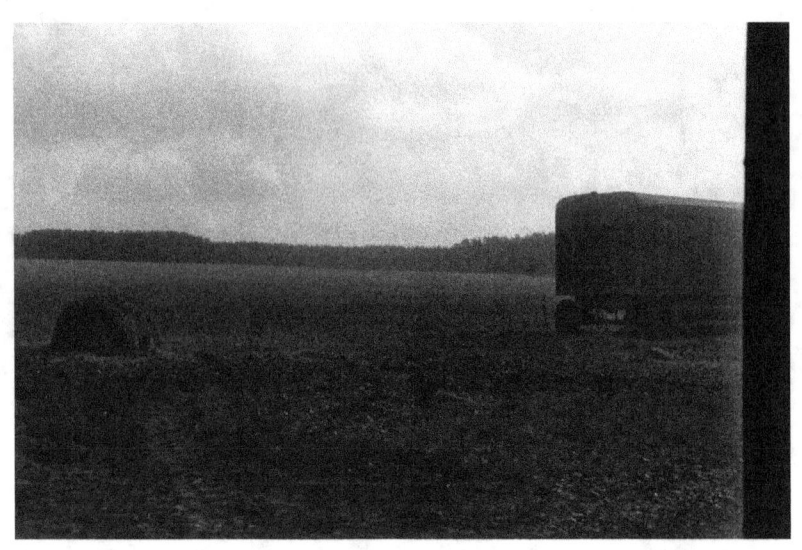

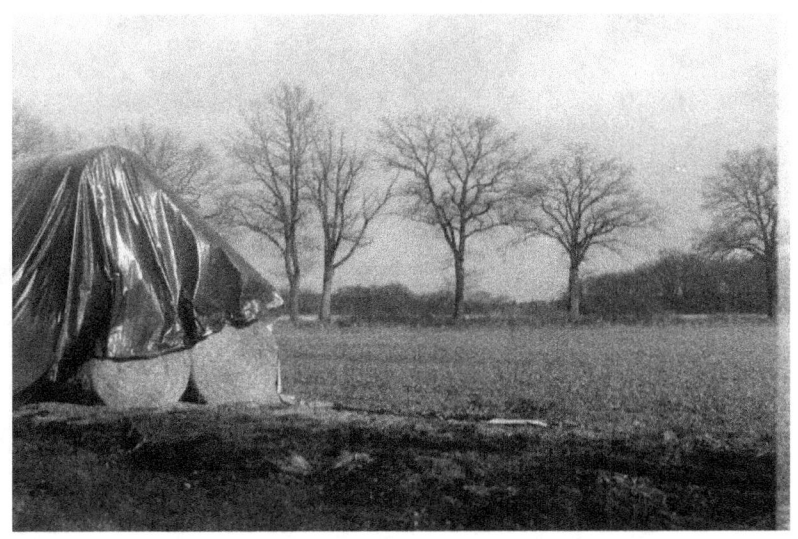

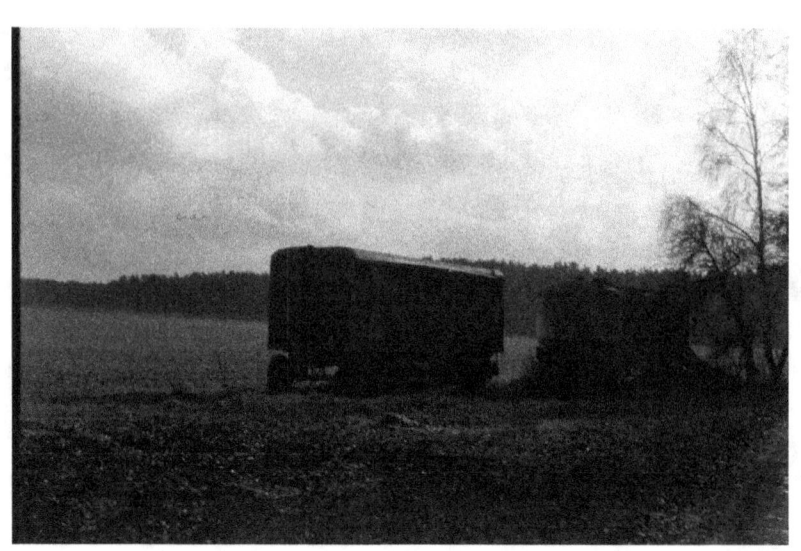

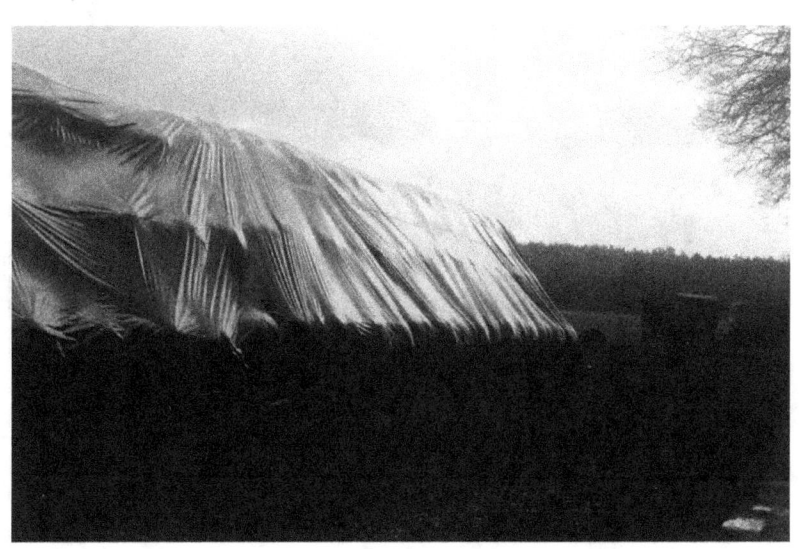

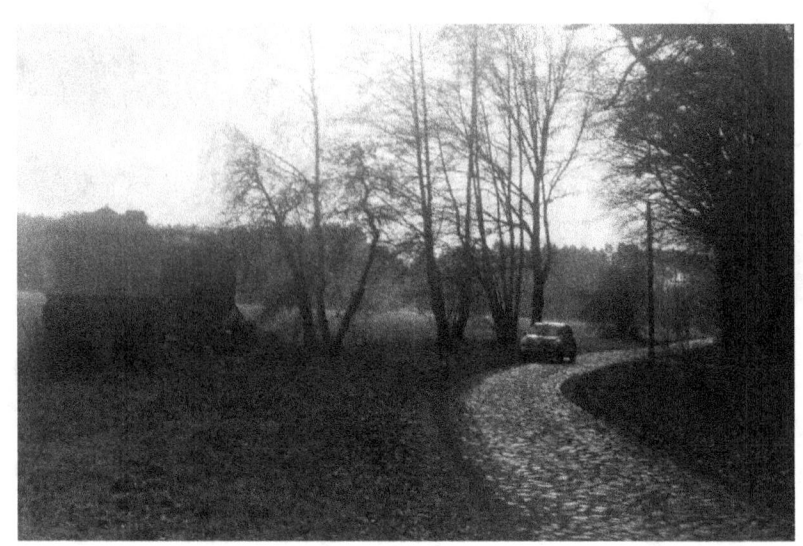

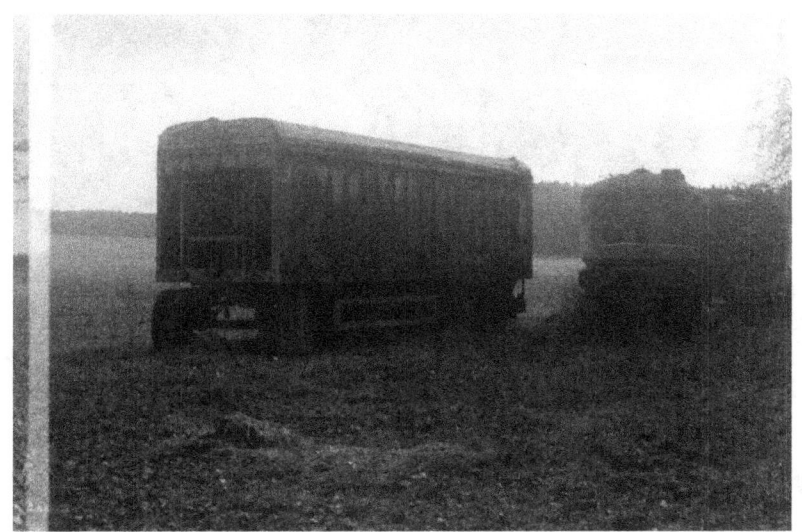

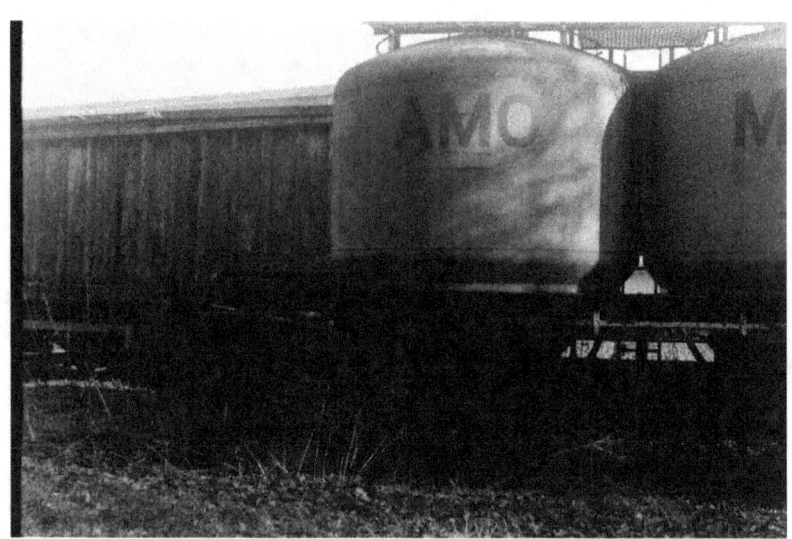

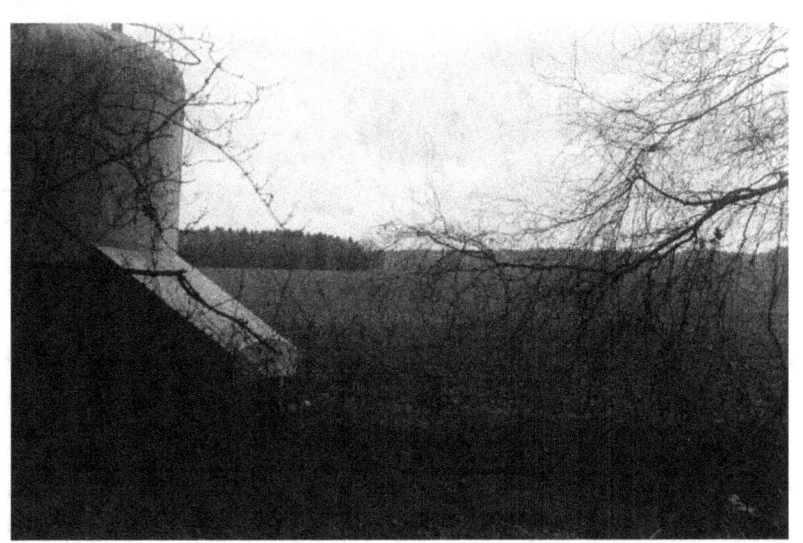

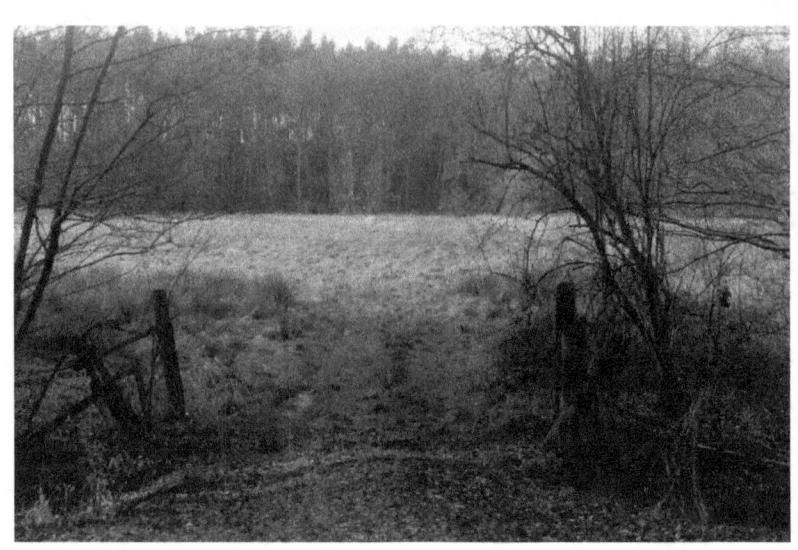

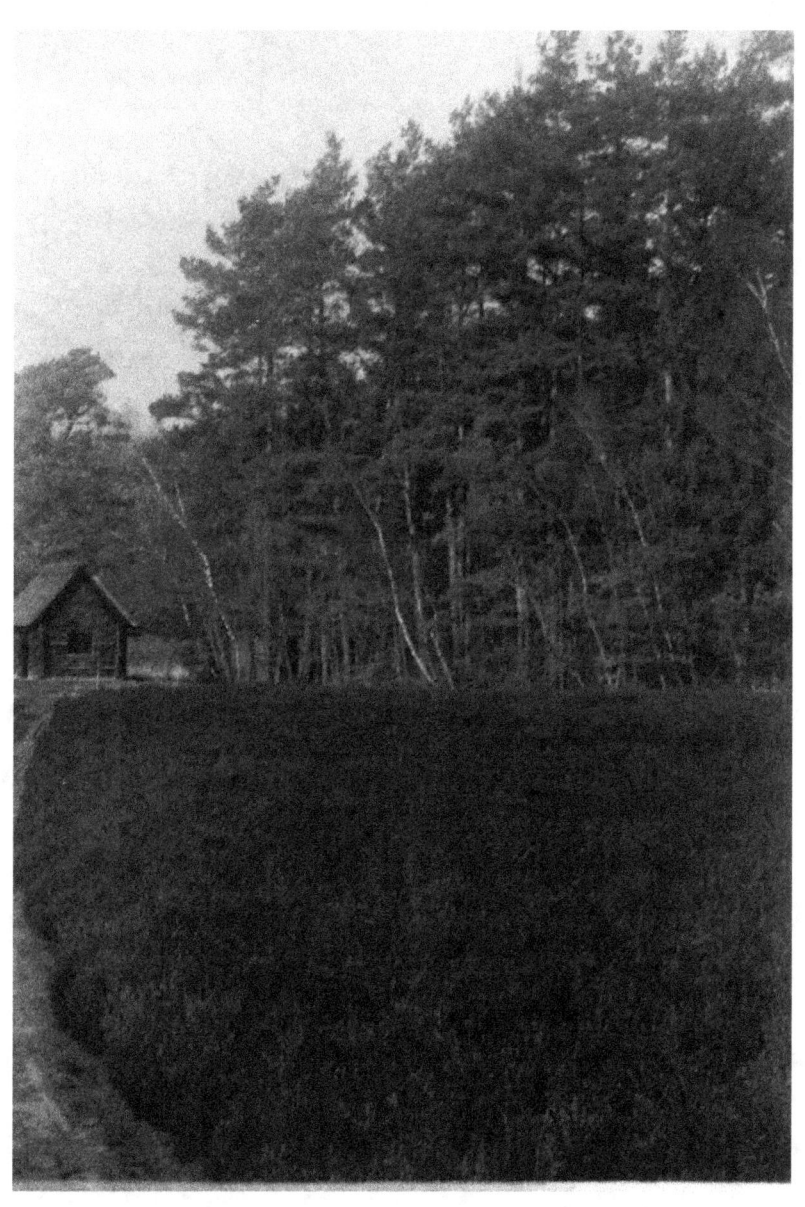

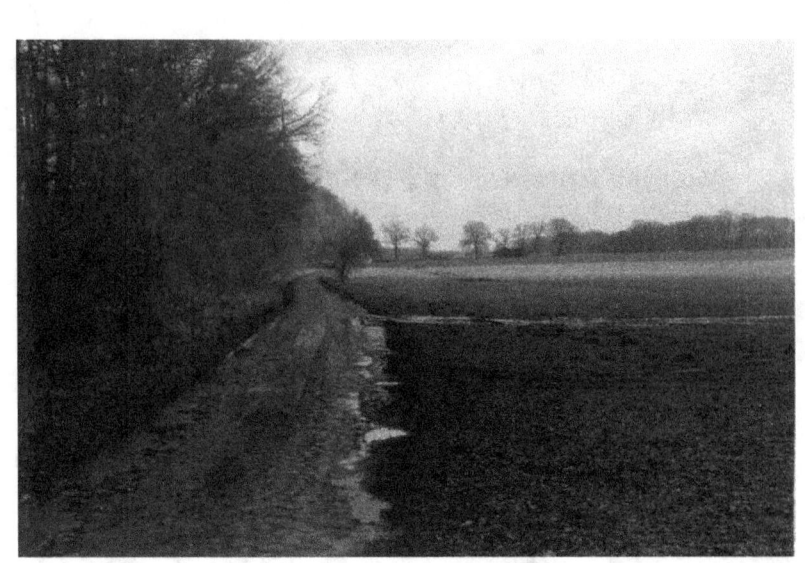

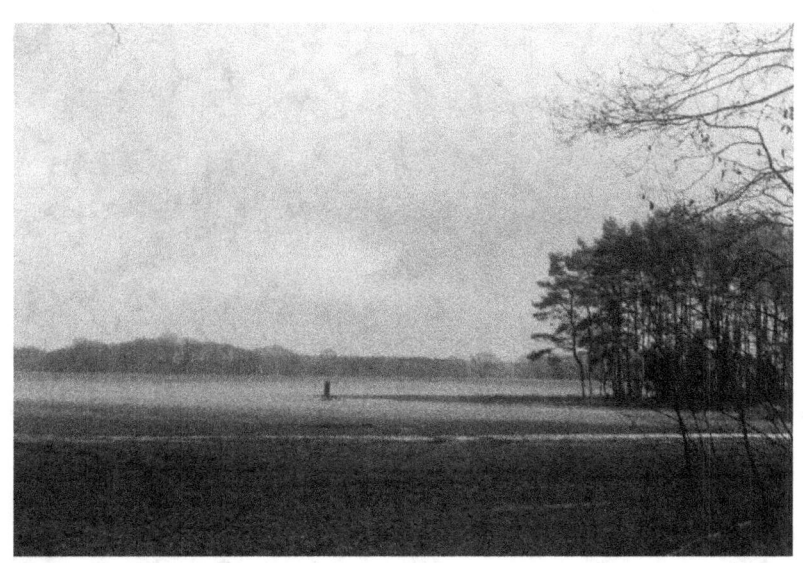

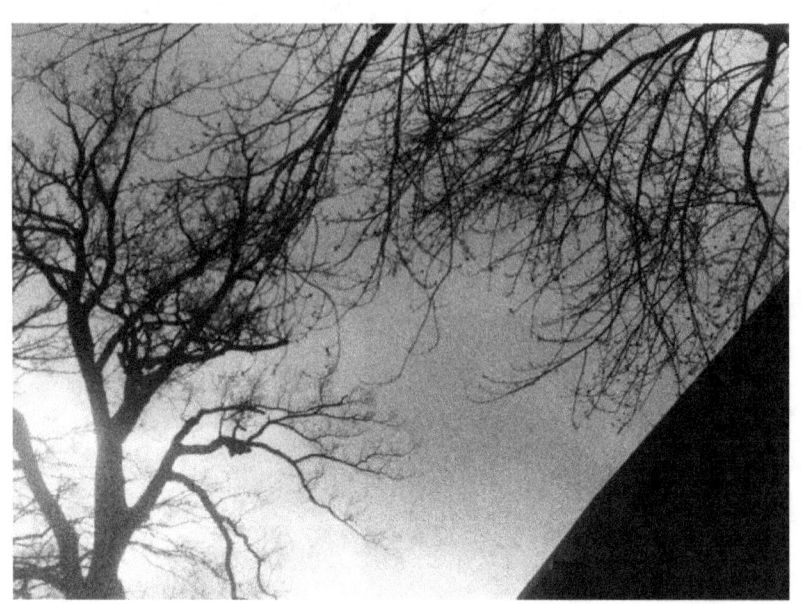

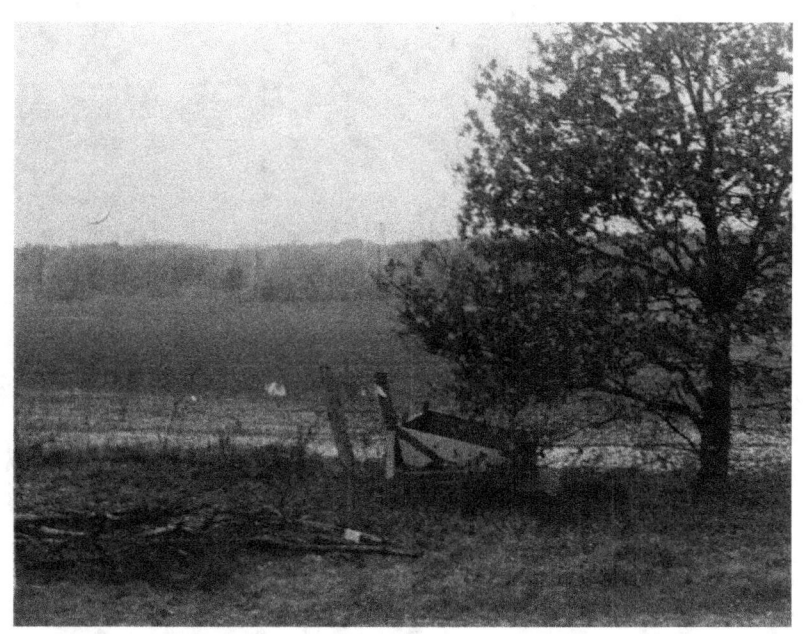

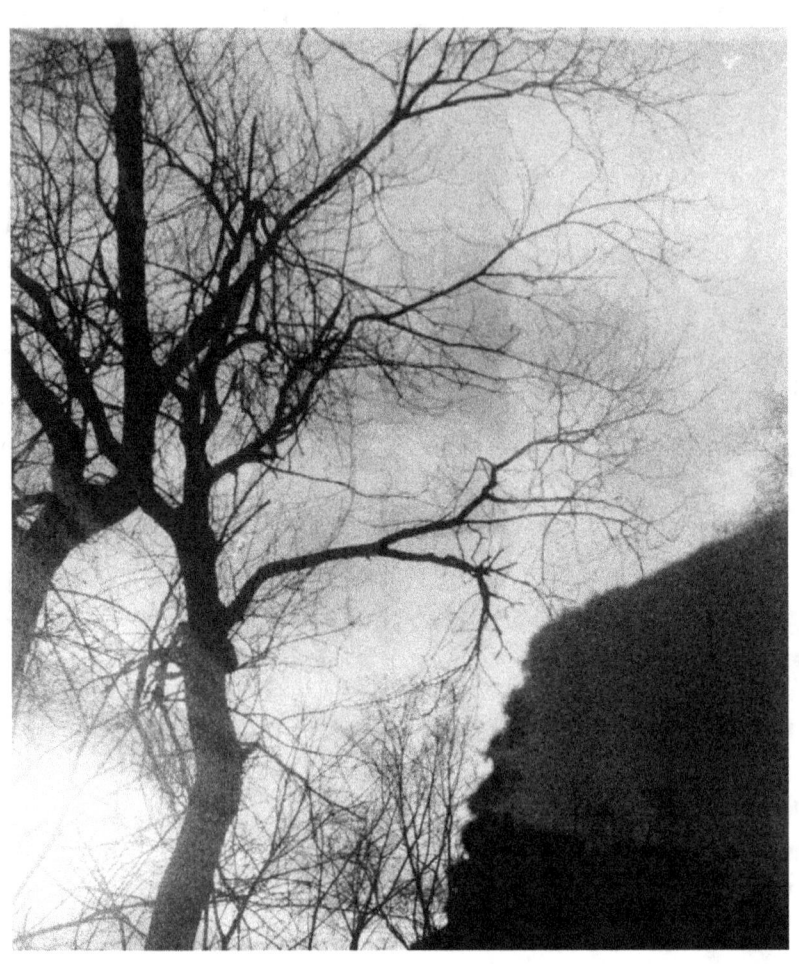

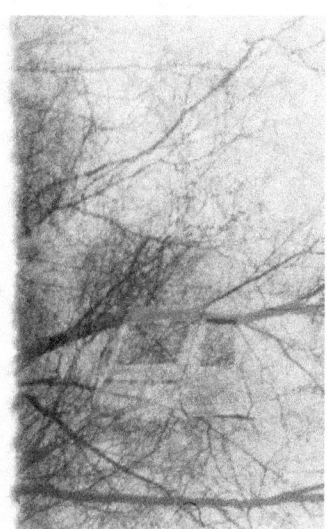

www.ingramcontent.com/pod-product-compliance
Lightning Source LLC
Chambersburg PA
CBHW030103230526
45471CB00003B/1229